essentials

Springer Essentials sind innovative Bücher, die das Wissen von Springer DE in kompaktester Form anhand kleiner, komprimierter Wissensbausteine zur Darstellung bringen. Damit sind sie besonders für die Nutzung auf modernen Tablet-PCs und eBook-Readern geeignet. In der Reihe erscheinen sowohl Originalarbeiten wie auch aktualisierte und hinsichtlich der Textmenge genauestens konzentrierte Bearbeitungen von Texten, die in maßgeblichen, allerdings auch wesentlich umfangreicheren Werken des Springer Verlags an anderer Stelle erscheinen. Die Leser bekommen „self-contained knowledge" in destillierter Form: Die Essenz dessen, worauf es als „State-of-the-Art" in der Praxis und/oder aktueller Fachdiskussion ankommt.

Lorenz Steinke

Bedienungsanleitung für den Shitstorm

Wie gute Kommunikation die Wut der Masse bricht

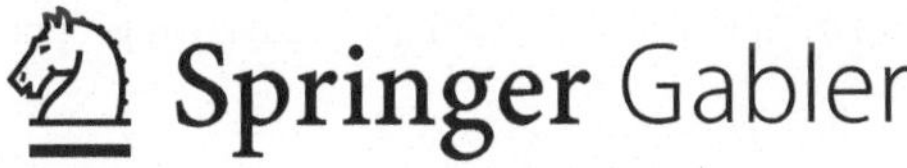

Dr. Lorenz Steinke
Kommunikation360.de
Rellingen
Deutschland

ISSN 2197-6708   ISSN 2197-6716 (electronic)
ISBN 978-3-658-05587-5   ISBN 978-3-658-05588-2 (eBook)
DOI 10.1007/978-3-658-05588-2

Die Deutsche Nationalbibliothek verzeichnet diese Publikation in der Deutschen Natio-
nalbibliografie; detaillierte bibliografische Daten sind im Internet über http://dnb.d-nb.de
abrufbar.

Springer Gabler
© Springer Fachmedien Wiesbaden 2014

Gedruckt auf säurefreiem und chlorfrei gebleichtem Papier

Springer Gabler ist eine Marke von Springer DE. Springer DE ist Teil der Fachverlagsgruppe
Springer Science+Business Media
www.springer-gabler.de

Was Sie in diesem Essential finden können

- Eine Einführung in die Geschichte der Flamewars, Shitstorms und anderer Internet-Massenphänomene.
- Wie das Internet neue Formen und Grenzen der Öffentlichkeit schafft und wie das auch Unternehmen verändert.
- Die Mechanik des Shitstorms – was löst ihn aus und was hält ihn am Leben oder beschleunigt ihn sogar.
- Wie Smart Communication das Unternehmen schützt und das Shitstorm-Risiko reduziert.
- Wie man den Shitstorm als Marketinginstrument nutzt und bei falscher Anwendung damit untergeht.

Vorwort

Keine Frage: Schon der Name klingt unschön – der Shitstorm, übersetzt „Scheißesturm", ist ein äußerst unangenehmes Phänomen aus dem Internet, das niemand als Betroffener erleben möchte. Doch Unternehmen und Organisationen müssen sich zunehmend mit diesem Thema befassen. Das Risiko, Opfer eines solchen Empörungssturms zu werden, ist größer, als es viele wahrhaben wollen. Dieser Ratgeber liefert Ihnen eine Typologie des Shitstorms und handfeste Instrumente, mit denen Sie gegen die wütende Schlechtwetterfront auf allen Kanälen erfolgreich antreten. Einige Ratschläge gehen bewusst über die reine Intervention im Krisenfall hinaus. So liefert dieses Buch auch Tipps, wie Sie Ihr eigenes Shitstorm-Risiko minimieren und aus überstandenen Stürmen Erfahrungen und im besten Fall sogar neue Ideen und kreative Anstöße für Ihr Geschäft gewinnen. Das letzte Kapitel verrät Ihnen, wie der Shitstorm zunehmend als Marketinginstrument eingesetzt wird, wann dieses ebenso vielversprechende wie riskante Instrument funktionieren kann und wer es besser im Giftschrank belassen sollte. Das vorliegende Essential übernimmt zum Teil Inhalte aus dem Kapitel „Online ist alles anders – oder doch nicht?" des 2014 ebenfalls bei Springer Gabler erschienenen Ratgebers „Kommunizieren in der Krise – Nachhaltige PR-Werkzeuge für schwierige Zeiten". Die einzelnen Abschnitte wurden hierfür aktualisiert und um aktuelle Beispiele erweitert.

Inhaltsverzeichnis

Einleitung

Am Anfang war das Wort. Und wer jemals an der Macht der Worte gezweifelt hat, der hat noch keinen Shitstorm erlebt. Wenn Beschwerden und wütende Beschimpfungen bis hin zur Morddrohung im Sekundentakt die Eingangskanäle fluten, wenn die Telefonzentrale unter dem hartnäckigen Dauerfeuer anfragender Journalisten zusammenbricht und der Aktienkurs eines Unternehmens unter dem gemeinsamen Druck der Straße und der Investoren auf Talfahrt geht, liegen die Nerven bei allen Beteiligten blank. In der Feuerprobe des Empörungssturms zeigt sich, wer gutes Krisenmanagement und gute Krisenkommunikation beherrscht und wer untätig auf Tauchstation geht und – oft vergeblich – auf den baldigen Abzug der wütenden Horde setzt.

In den vergangenen Jahren hat sich das Phänomen des Shitstorms gewandelt – weg vom Neuen, Unbekannten und Unbeherrschbaren – hin zu einem Ereignis, das immer mehr Unternehmen und Organisationen trifft, aber aufgrund genauerer Analysemethoden und zunehmender Praxis-Erfahrungen auch immer besser verstanden wird. Die Datenbasis aus großen Shitstorms ist mittlerweile reichhaltig und auch die Instrumentenkoffer aus der PR, mit denen sich Shitstorms erwidern und im besten Fall ausbremsen lassen, werden ausgereifter.

Einige Instrumente wirken als Sofortmaßnahme. Die wichtigsten von ihnen aber müssen bereits lange vor dem Shitstorm ausgepackt und eingesetzt werden – präventiv und dauerhaft. Sie müssen Teil der Unternehmenskultur sein und integraler Bestandteil eines Umgangs des Unternehmens mit der Öffentlichkeit, wenn sie wirken und schützen sollen. Auf den folgenden Seiten lesen Sie mehr über diese Instrumente. Zuerst aber folgt eine Einführung in das Thema Shitstorm. Denn nur wer dieses je nach Blickwinkel ebenso beeindruckende wie erschreckende Massenspektakel versteht, kann auch die zugehörigen Instrumente bestmöglich anwenden.

L. Steinke, *Bedienungsanleitung für den Shitstorm*, essentials,
DOI 10.1007/978-3-658-05588-2_1, © Springer Fachmedien Wiesbaden 2014

2.1 Der Fall Dell: König Kunde bekommt eine Stimme

Als Begriff ist der Shitstorm noch jung. Die deutsche Version der Online-Enzyklopädie Wikipedia kennt ihn erst seit dem Sommer 2011. Unter anderen Namen gibt es das Phänomen des Empörungssturms im Internet allerdings bereits wesentlich länger. In den Zeiten vor der Verbreitung der Social Media war der Shitstorm noch bekannt als Flamewar. Anzutreffen in den heute nahezu vergessenen Diskussionsforen der Mailboxnetze wie dem FidoNet und später im Usenet, einem heute weitgehend deaktivierten Newsgroup-Netzwerk innerhalb des Internet. Diese virtuellen Marktplätze des frühen Mailbox- und Internet-Zeitalters waren das Refugium mehrheitlich sehr technisch interessierter Menschen.

Für den Austausch untereinander gaben sich die Teilnehmer eigene Kommunikationsregeln, niedergeschrieben in der sogenannten „Netiquette". Die Entscheidung zur Selbstregulierung in diesen ansonsten sehr liberal denkenden Foren entsprang der Erkenntnis, dass neue Kommunikationsformen immer auch neue Probleme mit sich bringen. Eines dieser Probleme waren sogenannte „Troll"-Postings, die von meist anonymen Personen allein zum Zweck der Provokation geschrieben wurden. Die Perfidie dieser Postings war, dass sie ihr Ziel oft erreichten, indem nicht selten dutzende oder sogar hunderte andere Newsgroup-Teilnehmer darauf antworteten um ihrer Empörung Luft zu machen. Oder um andere Teilnehmer dazu aufzufordern, die Troll-Postings nicht zu beachten. Die Diskussion auf der sachlichen Ebene ging dann meist unter in der Flut der vom Troll provozierten Postings.

Seit Mitte der 1990er Jahre sorgte ein weiteres Ärgernis für gelegentliche Flamewars: Massen-Werbesendungen, auch Spam genannt, nahmen zu dieser Zeit ihren Anfang. Die US-Anwälte Laurence A. Canter und Martha S. Siegel als Pioniere dieses Genres traten mit ihren 5.000 per Software automatisiert in Usenet-Foren ge-

L. Steinke, *Bedienungsanleitung für den Shitstorm*, essentials,
DOI 10.1007/978-3-658-05588-2_2, © Springer Fachmedien Wiesbaden 2014

posteten Werbebeiträgen 1994 einen für sie selbst äußerst schmerz- und lehrreichen Flamewar los.

Andere Ärgernisse waren schlecht formatierte und kaum lesbare Beiträge oder solche Postings, die aufgrund falschen Zitierens bei ihren Lesern zu unnötig hohem Datenverbrauch führten (in Zeiten langsamer und teurer Internetanschlüsse ein wichtiges Thema). Nicht selten entfernten sich Diskussionsstränge völlig vom Ursprungsthema, weil einzelne Teilnehmer gegen formelle oder informelle Regeln des jeweiligen Forums verstoßen hatten. Die Hauptsache der Diskussion wurde dann zur Nebensache. Um all diesen Schwierigkeiten zu begegnen, gaben sich die Diskussionsteilnehmer die Netiquette. Deren wichtigste Regel lautet: „Vergiss niemals, dass auf der anderen Seite ein Mensch sitzt!" Dahinter stand auch die Erfahrung, dass Menschen leichter andere Menschen verletzten oder verärgern, wenn sie diesen dabei nicht in die Augen sehen müssen.

Die frustrierende Erfahrung der Usenet-Mitbegründer lautete: Wo es keinen Konsens über praktische Regeln für die Kommunikation im Internet gibt, läuft diese fast automatisch aus dem Ruder. Und wo es tausende Mitleser und potenzielle -schreiber gibt, kann bereits ein kleiner Anstoß große Wirkung haben und die Masse aktivieren. Idealer Nährboden für Online-Empörung und die ersten Flamewars.

Einen solchen Flamewar startete der US-Blogger (buzzmachine.com) und Journalismus-Dozent Jeff Jarvis 2005 gegen den Computerhersteller Dell („die Dell-Hölle"). Nachdem er sich als Kunde über den Service des Unternehmens geärgert hatte, schrieb er einen wütenden Blog-Beitrag auf seiner privaten Seite. Der Beitrag wurde von hunderten anderen Bloggern aufgegriffen und um eigene Negativ-Erfahrungen erweitert. Bald brach eine Lawine wütender Erlebnisberichte über den PC-Hersteller herein. Die Reputation des einstigen Premium-Anbieters Dell nahm massiv Schaden, schließlich fiel sogar der Börsenkurs des Unternehmens, das sich gerade in einer schwierigen Umbruchphase befand. Dell reagierte auf die Kritik, investierte rund 150 Mio. US-$ in seinen Kundenservice und entwickelte eine Social-Media-Strategie. 2006 ging das Unternehmens-Blog an den Start – anfangs noch sehr werblich gehalten. Nach Leserkritik folgte eine Neuausrichtung des Blogs. 2007 startete Dell IdeaStorm eine Plattform, auf der neue Ideen und Produkte vorgestellt werden und Kunden hierzu Feedback geben. Dell hatte als eines der ersten Unternehmen dank eines Flamewars begriffen, dass man sich besser nicht dauerhaft gegen die Wünsche seiner Kunden stellt.

2.2   Millionen können nicht irren: Die Masse gewinnt Selbstvertrauen

In seiner Frühzeit war das Web vor allem ein Medium der linearen Kommunikation. Internet-Surfer besuchten Homepages von Unternehmen oder Organisationen, sammelten dort Informationen oder bestellten zum ersten Mal in ihrem Leben online Waren. Die Interaktion fand noch hauptsächlich zwischen Kunde und Anbieter statt. Diskussionsforen waren wenig verbreitet und fanden sich vor allem im Usenet. Auch Bewertungsportale gab es noch kaum. Aber mit der nächsten Evolutionsstufe veränderte sich das Web grundlegend – hin zum Web 2.0. Mit einem Mal standen der Mensch und seine soziale Vernetzung im Mittelpunkt. Weblogs („Blogs") und Social Media kamen auf. Mit der zunehmenden Verbreitung von Smartphones und schnellen Datennetzen wurde das Internet zum ständigen und allgegenwärtigen Alltagsbegleiter. Die Zahl der Interaktionen zwischen den Nutzern entwickelte sich explosionsartig.

Dabei wurde sich die Masse ihrer Macht als Masse zunehmend bewusst. In den Anfangsjahren geschah dies oft spielerisch: 2003 entstanden die ersten Flashmobs: Menschen verabredeten sich online zu bestimmten, meist surrealen Aktionen in der realen Welt, etwa zu einer Kissenschlacht an einem belebten Ort oder zur gemeinsamen Teppichbesichtigung in einem New Yorker Kaufhaus.

Bundeskanzlerin Angela Merkel wurde 2009 in Hamburg und Wuppertal bei Wahlkampfauftritten zweimal Opfer von Flashmobs. In Hamburg beantworteten die Flashmobber jedes Statement der Kanzlerin mit einem lauten „Yeah". Anstoß für diesen Flashmob war ein Merkel-Wahlkampfplakat gewesen, auf das ein Unbekannter „Yeah" geschrieben hatte.

Mit der Zeit verloren die Flashmobs ihren Neuigkeitswert und gewannen zunehmend Party-Charakter. Nicht mehr die ungewöhnliche Aktion, sondern das Aktivieren möglichst vieler Teilnehmer stand im Vordergrund. Gleichzeitig – und das ist eine Parallele zum Shitstorm – wurden Flashmobs von der Industrie als Marketinginstrument entdeckt. Die Deutsche Telekom organisierte mehrere aufsehenerregende Flashmobs, darunter einen besonders erfolgreichen mit dem britischen Sänger Paul Potts am Leipziger Hautbahnhof. Weitere Flashmobs richteten sich auf Filialen der Burgerkette McDonald's. In München, Gelsenkirchen und Berlin versammelten sich jeweils Tausende Kunden um spontan Hamburger zu ordern – begleitet vom Fernsehen, das somit – teilweise unfreiwillig, teilweise wohl gekauft – Werbung für den Systemgastronomen machte. In Braunschweig organisierte eine Tanzschule einen Flashmob im dortigen Hauptbahnhof. Ebenfalls in Braunschweig rief der Künstler Dirk Schadt zu einem Flashmob-Picknick auf dem dortigen Schlossplatz auf.[1] Das lokale Ordnungsamt reagierte und verbot die Veranstaltung im Vorfeld. Nicht zuletzt aus der berechtigten Angst, buchstäblich auf einem Müllberg sitzen zu bleiben.

In Verruf gerieten die über soziale Netzwerke verabredeten Massenaufläufe durch mehrere Facebook-Partys und die von einem 1600 köpfigen Ansturm 2011 gesprengte Geburtstagsfeier einer Hamburger Gymnasiastin, die versehentlich per Facebook die Öffentlichkeit zu sich nach Hause eingeladen hatte. Auch die beschauliche Ferieninsel Sylt wurde 2009 und erneut 2013 von Facebook-Partys überrollt. Die Zeit resümierte: „5.000 kamen und hinterließen Müll und breit gelatschte Dünen."[2] Bundesweit drohten Bürgermeister und Polizeibehörden, bei vergleichbaren Veranstaltungen die Einladenden für vor Ort entstandene Schäden heranzuziehen. So geschehen im Falle der ersten Sylt-Party, aber auch in Konstanz wo Mit-Initiatoren einer Party jeweils hohe Rechnungen für Rettungseinsätze und Flurschadensbeseitigung erhielten.

Doch auch wenn die Facebook-Partys damit endgültig das Schmuddel-Image eines Ballermann-Events erhielten: Nicht zuletzt dank der medialen Begleitberichterstattung entwickelte die Social-Media-Öffentlichkeit ein Bewusstsein ihrer eigenen Stärke. Wenn sich tausend oder zehntausend Menschen via Facebook, Twitter oder über ein anderes Netzwerk dazu verabreden, an einem Ort etwas gemeinsam zu unternehmen oder den Eingangskanal einer Organisation mit Beiträgen zu fluten, dann gewinnt dieses Ereignis mediale Aufmerksamkeit aus sich selbst. Und theoretisch kann jeder Initiator eines solchen Massenereignisses sein. Eine gleichermaßen aufregende wie verlockende Aussicht.

---

[1] http://www.zeit.de/online/2009/31/flashmob-braunschweig-sylt. Zugegriffen: 27. Feb. 2014.

[2] http://www.zeit.de/online/2009/31/flashmob-braunschweig-sylt. Zugegriffen: 27. Feb. 2014.

3.1 Privatsphäre und Vertraulichkeit als neues Luxusgut

Im Februar 2014 machte ein Bild des australischen Fotografen Cameron Power im Internet Furore, das dieser kurz zuvor an einem Bahnsteig nahe Sidney geschossen hatte. Es zeigt eine Menge von Pendlern im morgendlichen Berufsverkehr. Jeder Einzelne von ihnen starrt auf sein Smartphone. Bis auf einen einzigen Mann, der in die Ferne schaut. Der scherzhafte Kommentar des Fotografen zu diesem Bild: „Was in der Welt ist nur los mit diesem Kerl!"[1] Dieses ebenso lustige wie bezeichnende Zeitdokument des Smartphone-Zeitalters hat eine Entsprechung: Eine Aufnahme von Reisenden in einer New Yorker U-Bahn, fotografiert vom späteren Regisseur Stanley Kubrick. Sein Foto zeigt zahlreiche Reisende, die in einer Zeitung lesen – bis auf eine einzige Frau, die versonnen in die Ferne blickt.[2]

Kein Zweifel Smartphones, Pads und eBook-Reader haben die papierbasierte Lektüre unterwegs nicht nur weitgehend abgelöst, sie bieten neben ihren rein technischen Vorteilen (große Speicherfähigkeit, geringes Gewicht, geringer Platzverbrauch, unterwegs aktualisierbar) auch noch eine echte Zwei-Wege-Kommunikation. Und im Nebeneffekt bringen sie die weitgehende Abschaffung der Privatsphäre mit sich. Wer ein Smartphone mit eingebautem und eingeschaltetem GPS benutzt, sendet seinem Provider oder anderen Anbietern wie Foursquare oder Facebook Places seine Positionsdaten. Und das Verschwinden der Privatsphäre geht noch weiter: Unterwegs erstellte Fotos oder Tonschnipsel dokumentieren öffentliches Leben – nicht selten ohne Einwilligung der unfreiwillig mit Aufgezeich-

---

[1] http://gutjahr.biz/2014/02/das-bahnsteig-gleichnis, abgerufen am 27.2.2014.

[2] http://mcnyblog.org/2012/04/24/a-ride-on-the-subway-in-1946-with-stanley-kubrick, abgerufen am 27.2.2014.

L. Steinke, *Bedienungsanleitung für den Shitstorm*, essentials,
DOI 10.1007/978-3-658-05588-2_3, © Springer Fachmedien Wiesbaden 2014

neten. Spätestens mit der Übertragung des Materials in die Social Media verliert auch der Urheber selbst die Gewalt darüber. Die digitalen Daten werden Bestandteil einer öffentlichen Datenwolke.

Für die Öffentlichkeitsarbeit von Unternehmen und speziell für ihr Informationsmanagement hat dies erhebliche Folgen. Längst sendet nicht mehr nur jeder zu einer Presseveranstaltung eingeladene Journalist via WLAN oder Mobilfunk alle von ihm bewusst oder unbewusst gesammelten Informationen in Echtzeit nach draußen. Das gleiche macht potenziell auch jeder Mitarbeiter oder Kunde, der zur selben Zeit ein Smartphone auf dem Firmengelände benutzt. So überträgt das Unternehmen teils gewollt, teils ungewollt permanent ein Fremd- und Eigenbild in die sozialen Netze und in die Öffentlichkeit.

So brechen allmählich die Dämme: Während viele Unternehmen bis zur Jahrtausendwende noch bestrebt waren, durch explizite Fotografierverbote oder eine generelle Ächtung von Fotohandys am Arbeitsplatz sich dagegen zu wehren, werden heute meist nur noch besonders gesicherte Hightech-Inseln in Konzern-Bereichen wie der Forschung und Entwicklung mit hohem Aufwand gegen die Außenwelt abgeriegelt. Selbst das Mitschnittverbot in Konferenzen wird zunehmend unterlaufen, da der Einzelne seit Erfindung der Sprachsteuerung und darauf aufsetzender Überwachungstools nicht mehr sicher sagen kann, wann sein digitaler Begleiter gerade mitschneidet und die gewonnen Daten eventuell an Dritte versendet. Hinzu kommt, dass immer mehr Unternehmen, insbesondere solche aus den Medien oder sehr kundenbezogenen Branchen ganze Abteilungen, aber auch einzelne Mitarbeiter dazu ermuntern, Blogs zu führen und ihre Arbeit über Twitter und andere Dienste aktiv nach außen zu tragen. Daneben installieren größere Firmen eigene Social-Media-Teams, die mit hoher Schlagzahl Marketingbotschaften in die Außenwelt feuern. Das Unternehmen wird zum Multi-Sender rund um die Uhr. Die zunehmende Verbreitung von Überwachungskameras, günstigen Web-, Infrarot- und Armaturenbrettkameras sowie die wachsende Beliebtheit von Fotodrohnen befördern den Trend zur stets im Bild festgehaltenen Überall-Öffentlichkeit zusätzlich. Die Aufgabe der Unternehmenskommunikation wandelt sich vor diesem Hintergrund von einer Gatekeeper- zunehmend zu einer Filter- und Einordnungsfunktion. Viele Inhalte, die früher noch von Pressestelle oder Management mit dem Siegel der offiziellen Unternehmensposition versehen und umständlich freigegeben wurden, gehen heute oft ohne Beteiligung der Unternehmens-PR direkt nach draußen. Jede unbedachte Äußerung eines Call-Center-Agents am Telefon oder einer Kundendienst-Mitarbeiterin, die eine Email beantwortet, kann den Ruf des Unternehmens dabei schwer beschädigen.

Kurz Die Zahl der möglichen Anstöße für einen unbemerkt ausgelösten Shitstorm haben sich vermillionenfacht. Und weil die hierbei erzeugten Daten in Bild und Text fast immer von irgendjemandem freiwillig oder unfreiwillig gespeichert werden, sind sie auch dauerhaft, duplizierbar und potenziell viral.

3.2 Wenn Kunden und Mitarbeiter zum Problem werden

Manche Branchen sind von der neuen Öffentlichkeit besonders herausgefordert: Auf Videoplattformen gibt es zahllose Aufnahmen von Paketfahrern, die zerbrechliche Ware unsachgemäß behandeln, Pakete mit dem Fuß treten oder mittels artistischer Wurftechnik „zustellen". Allein das Video einer Überwachungskamera, die einen UPS-Fahrer aufnahm, der ein zuvor von der Konkurrenz vor einer Haustür abgelegtes iphone-Paket stiehlt, wurde im Internet eine Million Mal angeklickt. Zusammen mit der immerwährenden Diskussion über die Arbeitsbedingungen und die Bezahlung von Paketzustellern ergibt sich durch die Verbreitung und Aufzeichnungsfreude von Überwachungskameras und Foto-Handys ein stets fruchtbarer Nährboden für Shitstorms gegen Logistikunternehmen.

Eine weitere Branche, deren Mitarbeiter viel in der Öffentlichkeit stehen, sind Fluggesellschaften. 2010 kündigte JetBlue-Flugbegleiter Steven Slater seinen Job frustriert und zum Amüsement der Reisenden, indem er eine spontane Ansprache an die Gäste in der Kabine hielt, sich ein Bier schnappte und über die von ihm ausgelöste Notrutsche das Flugzeug verließ. Seine Kündigung erregte weltweite Aufmerksamkeit. Zu Halloween gab es in den USA sogar Steven-Slater-Kostüme zu kaufen.[3] Allein die damals noch rigiden Regeln zum Handygebrauch in Flugzeugen verhinderten wohl, dass es eine Aufnahme des Slater-Auftrittes bei Youtube gibt. Dafür gelang American-Airlines-Mitarbeiter Gailen Davids ein Überraschungserfolg auf dem Videoportal. In der Rolle der kaltherzigen Unternehmensberaterin „Aluminium Lady" machte er sich 2011 über die Geschäftspolitik und Sparmaßnahmen seines damals in der Insolvenz steckenden Arbeitgebers lustig. Hunderttausende sahen seine Videos, Medien aus aller Welt berichteten darüber.[4]

---

[3] http://www.spiegel.de/karriere/berufsleben/flugbegleiter-machen-ihrem-job-frust-luft-a-909674.html, abgerufen am 27.2.2014.

[4] http://www.spiegel.de/reise/aktuell/usa-airline-droht-flugbegleiter-mit-kuendigung-wegen-satirevideo-a-815272.html, abgerufen am 27.2.2014.

In der Prä-Internet-Ära war es für Journalisten oft schwer, Mitarbeiter von Unternehmen zu finden die bereit waren, öffentlich über schlechte Arbeitsbedingungen zu sprechen. Angestellte hatten Angst vor disziplinarischen Konsequenzen und davor, im Kollegenkreis als Nestbeschmutzer zu gelten. Mit dem Aufkommen von Shitstorms und Social Media hat sich auch hier ein Wandel eingestellt. Journalisten können leichter mit Informanten Kontakt aufnehmen und ihnen dabei Anonymität garantieren. Fast alle großen deutschen Medien haben heute eigene Recherche-Blogs mit Tippgeber-Seiten, über die Dritte anonymisiert Hinweise zu Skandalen im eigenen Unternehmen geben können. Und auch öffentlich von Beschäftigten angezettelte Shitstorms bieten immer wieder eine willkommene Gelegenheit für die Medien, die dortigen Arbeitsbedingungen zu hinterfragen.

Last not least führt die zunehmende Aufspaltung von Unternehmen in kleine selbstständige Einheiten und Tochterfirmen sowie die Vergabe von Aufträgen an Sub-Sub-Unternehmen zu abnehmender Mitarbeiter-Loyalität. Wer als Zeitarbeiter nur den halben Stundenlohn seines Kollegen am Nachbararbeitsplatz bekommt, wird seine Arbeitsbedingungen eher hinterfragen und auch hat auch weniger Grund, sein Unternehmen bei Umweltverstößen noch zu decken. Eine gute Vorlage, um anonym einen Tipp an Umweltbehörden zu geben oder unter falschem Namen einen Shitstorm gegen die eigene Firma zu starten. 2013 machten angebliche Aufzug-Dialoge aus der Konzernzentrale der US-Bank Goldman Sachs im Internet Furore. Rund 600.000 Abonnenten verfolgten amüsiert, wie sich Banker über Kunden lustig machten oder mit ihrem Reichtum prahlten. Die Beiträge waren erfunden und stammten von einem Anleihehändler, der nach seiner Enttarnung zugab, nie für die Bank gearbeitet zu haben. Trotzdem war das Image-Problem für Goldman Sachs höchst real. Auf dem Höhepunkt der Krise hatte das Unternehmen seinen Mitarbeitern sogar verboten, Gespräche in Aufzügen zu führen.[5]

---

[5] http://www.n-tv.de/wirtschaft/Wall-Street-Twitterer-enttarnt-article12360451.html, abgerufen am 27.2.2014.

Shitstorm – Mechanik und Regeln 4

4.1 Wie Empörung entsteht und was sie am Leben hält

Ein dänischer Zoo, der eine Giraffe schlachtet und an seine Löwen verfüttert, ein Nudelhersteller, der Schwule als Kunden zweiter Klasse ansieht oder ein Telekommunikationsanbieter, der verärgerte Kunden als „Einzelfälle" abtut – es gibt viele Gründe und Anlässe, worüber sich Menschen im Web empören können. Aber es gibt auch Gemeinsamkeiten. Nicht jedes Ärgernis hat das Potenzial zum Shitstorm, nicht jeder Regelverstoß interessiert die Masse. Die meisten – mittlerweile oft gezielt angestoßenen – Shitstorms werden zu kläglichen Rohrkrepierern, die nicht mehr als ein paar Likes oder zustimmende Posts aus dem unmittelbaren Freundeskreis erhalten und dann versanden.

Um den Shitstorm besser zu verstehen ist eine Typologie dieses Phänomens hilfreich. Auf den ersten Blick ist der Shitstorm chaotisch, vielfältig, nicht vorhersagbar und immer wieder überraschend. Aber das stimmt nur zum Teil. Denn wenn man auf einzelne Kriterien schaut, finden sich überraschende Parallelen, die eine Einordnung anhand verschiedener Kategorien erlauben.

Anlass So vielfältig die möglichen Anlässe von Shitstorms auf den ersten Blick erscheinen, so erstaunlich übereinstimmend sind oft bei näherem Hinsehen. Die Auswahl an möglichen Empörungsanstößen lässt sich in wenige Kategorien einordnen:

- Kunde ist enttäuscht über Produkt oder Service eines Herstellers (zwei Beispiele sind die deutschen Shitstorms gegen O2 und Vodafone)
- Unternehmen verletzt ethische oder moralische Standards, etwa durch Manipulation einer Internet-Umfrage – so geschehen bei Henkel, das die Internet-Gemeinde aufrief, neue Verpackungen für das Geschirrspülmittel Pril

L. Steinke, *Bedienungsanleitung für den Shitstorm*, essentials,
DOI 10.1007/978-3-658-05588-2_4, © Springer Fachmedien Wiesbaden 2014

zu entwerfen, dann aber einige besonders abstruse Einsendungen zensierte. Sportartikelhersteller Adidas verknüpfte 2012 eine Marketing-Aktion mit der Fußball-Europa-Meisterschaft in Polen und der Ukraine. Und wurde wegen angeblicher Unterstützung der zeitgleich erfolgten Massentötungen streunender Hunde mit einem Shitstorm abgestraft.

- Auftritt eines Unternehmens in der Öffentlichkeit ist unprofessionell, missverständlich oder leicht zu persiflieren, etwa in Gestalt eines Memes.

Einen unprofessionellen Auftritt leistete sich die Sportmarke Jako: Die hatte Anfang 2009 aus Anlass des Firmenjubiläums ihr neues Logo vorgestellt. Dafür erntete sie nicht nur Zustimmung. Der Fußball-Blogger Frank Baade („Trainer Baade") kommentierte das Design mit wenig schmeichelhaften Worten.[1] Daraufhin warf ihm Jako per Anwaltsschreiben „unzulässige Schmähkritik" und „Bedrohung der wirtschaftlichen Interessen" vor und verlangte die Abgabe einer Unterlassungserklärung. Der Blogger gab eine solche Erklärung ab und nahm den strittigen Text aus seinem Blog heraus. Wenig später folgt eine weitere Kostennote der Jako-Anwaltskanzlei über 5100 € wegen Verstoßes gegen die Unterlassungserklärung: Die Kanzlei hatte den fraglichen Text bei einem News-Aggregator im Internet gefunden, der den Text ohne Baades Wissen automatisiert übernommen hatte. Da Baade nach eigener Aussage weder in der Lage war, die Kostennote zu begleichen, noch das weitere Verbreiten seines Textes durch Dritte zu verhindern, ergriffen andere Blogger für ihn Partei und machten das Thema bekannt. Über das Fan-Forum von Eintracht Frankfurt und über Spiegel Online, handelsblatt.de, sueddeutsche.de und zeit.de gelangte die Geschichte in die Öffentlichkeit. Hatten den originären Blog-Beitrag nicht einmal 400 Leser aufgerufen, erfuhr nun ein großes Publikum vom Vorgehen des Sportartikelherstellers. Dessen Unternehmenskommunikation erhielt unzählige Presseanfragen. Die Süddeutsche Zeitung kommentierte: „Die Drähte glühen heiß, aber beim Sportartikelhersteller Jako in Mulfingen-Hollenbach wimmeln die Assistentinnen jede Reporterfrage ab: ‚Kein Kommentar.'"[2] Nach wenigen Tagen und unter dem breiten medialen Druck lenkte das Unternehmen schließlich ein: „Rückblickend betrachtet, wäre es viel besser gewesen, wir hätten mit Herrn Baade persönlich Kontakt aufgenommen und die Sache mit ihm direkt geklärt", schrieb der Jako-Vorstandsvorsitzende Rudi Sprüngel in einer Pressemitteilung des Unternehmens. Die Kostennote musste Baade nicht begleichen.

---

[1] http://www.zeit.de/online/2009/37/jako-blogger-baade, abgerufen am 7.11.2013.

[2] http://www.sueddeutsche.de/digital/imageschaden-fuer-jako-geballte-blogpower-1.155021, abgerufen am 7.11.2013.

Die Mehrzahl der Shitstorms wird durch unethisches Verhalten ausgelöst: Firmen behandeln Kunden herablassend, kränken sie oder begegnen ihnen mit sozialen, rassistischen oder kulturellen Vorurteilen. Hier setzen auch Shitstorms an, die von Nichtregierungsorganisationen (NGO) wie Greenpeace gestartet werden.

Auslöser für einen Shitstorm kann ein sogenannter Rant sein, ein Beitrag in einem Sozialen Medium, in dem ein Einzelner Dampf ablässt, etwa seine Verärgerung über schlechten Kundendienst. Trifft dieser Rant die Meinung vieler anderer, folgen dem Rant zustimmende Kommentare, er wird von Unterstützern weiterverbreitet und findet so immer neue Leser über den Freundes- oder Abonnentenkreis seines Verfassers hinaus. Manche Rants stechen durch eine ungewöhnliche Machart heraus. Beliebt speziell in Deutschland sind wütend-spöttische Belehrungen im Erzählstil der „Sendung mit der Maus".

Ein Shitstorm kann seinen Ausgang in der „real world" nehmen, wie 2012 im Fall des Schlagersängers Michael Wendler. Dessen Rechtsstreit mit einem Mutter-Tochter-Gespann, das auf Mallorca ein Wendler-Fan-Café betreiben wollte, wurde vom Fernsehsender RTL thematisiert. Noch während die Sendung ausgestrahlt wurde, entstand auf Facebook eine Seite mit dem Titel „100.000 Menschen die Michael Wendler scheiße finden". Nach wenigen Tagen zählte der Shitstorm über 300.000 Fans und gilt damit als einer der am schnellsten gewachsenen der deutschen Facebook-Geschichte. Etliche Medien, darunter die BILD-Zeitung griffen den Shitstorm auf und machten ihn zum Gegenstand ihrer Berichterstattung.

Viele andere Shitstorms blieben oder bleiben hingegen komplett in der Online-Welt. Darunter auch der zum Geschirrspülmittel Pril. Geschickter als Henkel.

verhielt sich die Stadt Schwäbisch Gmünd, die 2011 online zu Namensvorschlägen für einen neuen Straßentunnel aufrief. Als sich eine Mehrheit für den Namen Bud-Spencer-Tunnel abzeichnete, stoppte man die Abstimmung. Alternativ wurde das städtische Freibad, in dem der ehemalige Leistungsschwimmer und Olympiateilnehmer Carlo Pedersoli alias Bud Spencer einst persönlich zum Wettkampf angetreten war, nach dem Leinwandstar benannt.

Auffällig viele Shitstorms drehen sich um Kundenfälle. Darunter der Shitstorm einer deutschen Vodafone-Kundin, die mit ihrem Ärger über den Kundendienst des Mobilfunkanbieters rund 150.000 Facebook-Likes einsammelte. Bereits ein Jahr zuvor hatte sich ein Blogger, der sich über Netzprobleme bei O2 beschwert hatte, über eine Antwort des dortigen Kundenservice aufgeregt. O2 hatte ihm geschrieben, dass seine Probleme nur ein „Einzelfall" wären. Seine Aktion „Wir sind Einzelfall" fand tausende Unterstützer und machte den Einzelfall zum Unwort in der Kundenansprache bei Servicefällen. O2, das zu dieser Zeit gegenüber seinen Wettbewerbern technisch im Hintertreffen war, versprach einen baldigen Ausbau seines Netzes um dem bis dahin verleugneten Missstand abzuhelfen.

Initiator Die meisten Shitstorms werden mehr zufällig von Privatpersonen angestoßen. Im Internet besitzt der Einzelne als Kunde, Betroffener oder Opfer meist höhere Glaubwürdigkeit als beispielsweise Unternehmen und bietet darüber hinaus mehr Identifikationspotenzial für Unterstützer. Die sozialen Medien haben dazu beigetragen, dass einmal gestartete Shitstorms schnell im Freundes- oder „Follower"-kreis bekannt werden. Insbesondere dann, wenn der Initiator sozial stark vernetzt ist (Alpha-Blogger, professioneller Öffentlichkeitsarbeiter, Journalist). Daneben gibt es aber auch immer mehr institutionelle Initiatoren. Auf Marketing-Shitstorms soll dabei noch weiter unten eingegangen werden. Aber auch NGO wie Greenpeace oder Human Rights Watch (HRW) haben schon gezielt mit Kampagnen Shitstorms gegen Unternehmen oder Regierungen ausgelöst.

Verlauf Die meisten Shitstorms kennzeichnet eine lawinenartige Weiterverbreitung und Aktivierung von immer neuen Teilnehmern – in der Regel erreicht ein Shitstorm innerhalb der ersten ein bis zwei Tage sein größtes Wachstum. In der Regel haben sie einen Zeithorizont von kaum mehr als einer Woche. Danach geht das Interesse an ihnen meist wieder zurück. Ohne Unterstützung aus der Außenwelt oder ein Anfeuern durch Folgeereignisse oder ungeschicktes, eskalierendes Auftreten des betroffenen Unternehmens sind drei bis vier Wochen Dauer eine seltene Ausnahme.

Medienunterstützung Nicht jeder Shitstorm erreicht die klassischen Medien. Mancher bleibt online oder ist bereits wieder abgeebbt, bevor die ersten Medien aufspringen. Andere Shitstorms werden von aktiven Bloggern oder klassischen Journalisten oder von Pressestellen selbst angestoßen und gelangen entsprechend schnell auf das Radar von anderen Journalisten. Und greifen erst einmal die Print- und Online-Leitmedien wie Spiegel Online, Bild Online, Focus Online sowie deren Papier-Geschwister in der analogen Welt oder das Radio oder das Fernsehen einen Shitstorm auf, bekommt dieser häufig noch einmal kräftig Fahrt und gewinnt neue Unterstützer. Das wiederum beschleunigt dann auch die dahinter stehende Unternehmenskrise. Gerade konservative und wenig online-affine Unternehmen reagieren auf Shitstorms nämlich oft erst, wenn auch die klassischen Medien darüber berichten.

Ausklang Jeder Shitstorm endet anders. Mancher versiegt, mancher schaukelt sich so lange auf, bis das betroffene Unternehmen zu Sofortmaßnahmen greift oder einen Maßnahmenkatalog verabschiedet, mit dem die kritisierten Zustände behoben und die Kritik am Unternehmen abgefangen werden soll. Andere Akteure setzen mehr auf symbolische Aktionen – Hinhaltetaktik in der Überzeugung, hierdurch Zeit zu gewinnen. Ein Beispiel dafür ist der ADAC: Nachdem Mitte Januar 2014 bekannt geworden war, dass der Automobilclub systematisch Ergebnisse der Leserwahl zum Automobilpreis „Gelber Engel" gefälscht hatte, reagierte der Club auf die doppelte Herausforderung aus öffentlichem Skandal und Shitstorms vor allem mit symbolischen Maßnahmen. Erst wurden die Fälschungen als Einzeltat des sofort gefeuerten Pressechefs und Automobilwelt-Chefredakteurs Michael Ramstetter abgetan. Club-Präsident Peter Meyer präsentierte sich dabei als Chefaufklärer in eigener Sache. Nur halbherzig versprach der Club, die Ergebnisse der gefälschten Wahl und der Vorjahre extern überprüfen zu lassen. Schließlich präsentierte der ADAC ein eher unverbindliches Maßnahmenbündel zur Krisenbehebung. Am Ende trat Meyer deshalb selbst von seinem Amt zurück. Eine echte und glaubwürdige Neuausrichtung des Vereins blieb hingegen aus. Zu lange hatte der ADAC gezögert und herumlaviert. Der Reputationsverlust war entsprechend nachhaltig und sprang auch auf andere Tests des Automobilclubs über. Gleichzeitig schrumpfte das einst enorme politische Gewicht und Ansehen, das der ADAC als größte europäische Autofahrer-Lobby bis dahin gerne zur Verstärkung seiner Kampagnen eingesetzt hatte. Die Erkenntnis aus der ADAC-Krise lautet: Wer zu lange mit Konsequenzen wartet, zahlt am Ende einen viel höheren Preis als der, der schnell und glaubhaft agiert. Oft sind es interne Abstimmungsprozesse, Machtkämpfe oder Posten-Klebenbleiber, die schnelle Lösungen verhindert. Den Schaden trägt am Ende die gesamte Organisation. So auch beim ADAC.

4.2   Was ist Ethos und warum kann es niemand definieren?

Sprechen wir über Ethik. Dieses Thema mag manche verblüffen. Noch immer herrscht gerade unter Vertretern althergebrachter PR die Ansicht vor, dass Unternehmenskommunikation wenig mit Ethos zu tun hat. Ein Unternehmen muss nach alter Lesart seine Inhalte so platzieren, dass sie von den Medien und der Öffentlichkeit aufgegriffen werden und am Ende einen wirtschaftlichen Impuls entwickeln oder zumindest die Unternehmens-Reputation verbessern. Gefühlsduselei und Sentiment galten dabei oft als störend oder waren allenfalls als schmückendes Beiwerk oder Deckmäntelchen interessant. Ethos und klingelnde Kassen? Das schien für Viele bisher einfach nicht zusammenzupassen.

Doch in Zeiten eines global fast in Echtzeit funktionierenden Ethikwächter-Netzwerkes haben sich die Vorzeichen verändert. Wer dauerhaft unethisch agiert und seine niederen Motive wenig glaubhaft kaschiert, muss mit Kaufzurückhaltung bis hin zum Kundenboykott rechnen.

Aber was ist überhaupt Ethos? Das Online-Nachschlagewerk Wikipedia definiert es als „sittliche Gesinnung einer Person, einer Gemeinschaft oder speziellen sozialen Gruppe"[3]. Und bereits diese Definition macht deutlich, dass es einen exakt umrissenen Ethik-Kanon, der über die „Shitstorm"-Würdigkeit eines Unternehmens oder einer Organisation entscheiden könnte, nicht gibt. In einer zunehmend heterogenen Gesellschaft, in der Kirche, Schule und Dorfgemeinschaft nur noch wenige allgemeine Standards setzen und wo der Einzelne dank weltweiter Vernetzung auch zunehmend global denkt, kommuniziert und urteilt, gibt es immer weniger solcher allgemeinverbindlichen Ethikstandards.

Der erfolgreiche Shitstorm nährt sich daher meist aus den wenigen noch verbliebenen globalen Regeln, beziehungsweise deren Verletzung. Je einfacher und globaler eine solche Regel ist, je mehr emotionale Sprengkraft sie in sich trägt und je leichter sie in wenigen Zeilen – oder noch besser: Bildern – zu transportieren ist, desto höher ist ihr Shitstorm-Potenzial.

Während etwa in den 60er- bis 90er-Jahren des letzten Jahrhunderts viele sogenannte Urban Legends kursierten, die Verstöße gegen die Sexualmoral oder bürgerliche Wertvorstellungen thematisierten, funktionieren diese Themen heute nicht mehr als Treibstoff für eine massenhafte Verbreitung oder Empörung. En vogue sind andere Inhalte, zum Beispiel Arbeitnehmerrechte, Tierschutz oder der Umgang mit Kunden. Die Empörung kann ein Unternehmen treffen, das seine Kunden mit falschen oder überzogenen Werbeversprechen betrogen hat (Beispielfälle sind der Vodafone-Shitstorm, der Deutsche-Bahn-Shitstorm, der Dell-Flamewar oder der O2-Shitstorm). Auslöser kann die Bevormundung von Verbrauchern sein (Pril-Shitstorm, Bud-Spencer-Tunnel-Shitstorm[4]). Aber auch der Verstoß gegen Umweltstandards (Kitkat-Shitstorm) oder ganz allgemein der Umgang mit Tieren (Shitstorm gegen den Zoo in Kopenhagen).

Dabei gibt es noch zwei weitere Faktoren, die Shitstorms beschleunigen. Josef Joffe umreißt sie exemplarisch in seiner Kritik an dem Shitstorms vom Januar 2014 gegen Markus Lanz. Es sind das hohe Tempo des Internet und die bequeme, fast kostenfreie Teilhabe von immer mehr Menschen dank sozialer Medien: „In analogen Zeiten hieß es: ‚Kauft nicht beim Juden!' Heute ist die Verwünschungskultur digital. Früher musste ein Leserbriefschreiber noch die klappernde Olympia aus dem Schrank holen, Papier einspannen, tippen, streichen und neu tippen, eine Brief-

---

[3] https://de.wikipedia.org/wiki/Ethos, abgerufen am 27.2.2014.

[4] http://www.calliesundschewe.de/bud-spencer-tunnel-funf-lehren-aus-dem-fall-schwabisch-gmund/.

marke auftreiben, den Brief zum gelben Kasten tragen. Er musste überlegen und formulieren, die Zeit verstrich – und die Wut verflog. Schon war eine Dummheit oder Gemeinheit weniger in der Welt. Heute reicht der Finger auf der Maus."[5]

Ein weiterer Aspekt des Shitstorms, das ihn so verführerisch macht: Seine Bedeutung für das gute Gewissen. Ähnlich dem Kauf eines kirchlichen Ablassbriefes im Mittelalter gibt auch die Teilnahme an einem Shitstorm oder einer Online-Petition dem Einzelnen das Gefühl, etwas für eine bessere Welt getan zu haben. Wer seine Empörung über einen Zoo-Direktor in Kopenhagen herunterschreibt, der eine Giraffe töten und an Löwen verfüttern lässt, hat damit zwar kein gesellschaftliches Problem gelöst. Aber er startet mit dem guten Gefühl in den Tag, sich für die richtige Sache eingesetzt zu haben.

Einige Unternehmen sind deswegen besonders häufig von Shitstorms betroffen. Banken, Pharmaunternehmen, Energiekonzerne, Nahrungsmittelhersteller oder die Musikindustrie haben bei weiten Teilen der Bevölkerung – besonders bei jenem Teil im typischen Shitstorm-Alter – einen schlechten Ruf. Ein paar Klicks gegen ein solches Unternehmen wirken da schnell befreiend. Besonders wenn das Unternehmen selber den Shitstorm auch noch anfeuert – so wie die Firma Nestlé.

Als Teil einer weltweiten Kampagne veröffentlichte die Umweltorganisation Greenpeace im März 2010 ein Internet-Video, in dem sie die illegale Rodung von indonesischen Regenwäldern für die Palmölgewinnung und das daraus resultierende Verschwinden wild lebender Orang-Utans aufzeigte. Ein großer Abnehmer von Palmöl aus zweifelhaften Quellen war zu dieser Zeit der Schweizer Nahrungsmittel-Konzern Nestlé, der das Palmöl für seine Schokoriegel „Kit Kat" verwendete. Der Film war ein Schocker: Zu sehen war ein Büroangestellter, der eine „Kit Kat"-Packung öffnete, daraus einen Orang-Utan-Finger zog und diesen verzehrte. Blut tropfte auf seine Computertastatur.

Nestlé reagierte auf den sich explosionsartig verbreitenden Film (1,6 Mio. Abrufe in den ersten Wochen der Kampagne) mit einer klassischen Abwehr-Strategie: Unternehmensanwälte erreichten die Löschung des Videos im Internet. Kritische Facebook-Kommentare auf der offiziellen Nestlé-Seite und einer inoffiziellen „Kit Kat"-Fanseite wurden gelöscht. Nestlé meldete sich nur in einer dürren Medieninformation zum Thema. Anstatt seine Prozesse zu ändern, betrieb Nestlé eine Vogel-Strauß-Strategie: Der Konzern verschloss seine Augen vor der Verantwortung und ging auf Tauchstation.

Wer das Internet kennt weiß, dass diese Strategie nicht funktioniert. Unterstützer luden den Film auf andere Internet-Server, via Social Media wurde Nestlé mit einer Viertelmillion wütender Mails und Anfragen zum Thema bom-

---

[5] http://www.zeit.de/2014/06/markus-lanz-petition, abgerufen am 27.2.2014.

bardiert. Ein Kommentator bemerkte klug: „What Greenpeace supporters did is a sign of the times: Brandjacking a Facebook fan page is the new form of tree hugging. A lot safer too". Auf eine Großbildleinwand vor der Frankfurter Deutschlandzentrale des Konzerns übertrug Greenpeace tausende via Twitter formulierte Forderungen verärgerter Verbraucher. Auch die Medien griffen die Kampagne auf und fällten vernichtende Urteile über Nestlés Verhalten. Am Ende lenkte der größte Nahrungsmittel- und Getränkehersteller der Welt ein, wechselte seinen Palmöllieferanten und bat die Öffentlichkeit um Entschuldigung.

Smart Communication – ehrlich währt am längsten

5

5.1 Vor dem Sturm ist vor dem Sturm – über den Wert einer Unternehmenskultur

Im Oktober 2013 erwischte ein Shitstorm den Kindernahrungshersteller Hipp, dessen Gründer und Inhaber Claus Hipp mit dem bekannten Claim „Dafür stehe ich mit meinem Namen" für die Qualitätsstandards des Unternehmens wirbt. Das tut er offenbar glaubwürdig, denn beim „Sustainability Image Score" (SIS) von Facit Research und Serviceplan landete Hipp auch 2013 wieder auf dem ersten Platz als aus Verbrauchersicht nachhaltigstes deutsches Unternehmen.

Doch nachdem Foodwatch bereits 2012 die stark zuckerhaltigen Kindertees von Hipp auf die Auswahlliste für den Negativ-Preis „Windbeutel des Jahres" genommen und so vom Markt gefegt hatte, ging es diesmal um Gentechnik in Kindernahrung. Das ZDF-Magazin WISO hatte herausgefunden, dass bestimmte Gläschen mit Fertignahrung von Hipp und Demeter trotz anderslautender Herstelleraussage per CMS-Technik (Cytoplasmatische männliche Sterilität) verändertes Gemüse enthielten.

Streng genommen ist die CMS-Technik zwar keine Gentechnik, sondern lediglich eine Veränderung auf zellulärer Ebene, die sich grundsätzlich auch durch entsprechende Kreuzung auf natürlichem Wege herbeiführen ließe. Aber wen interessieren solche Feinheiten in der Krise? Die BILD-Zeitung jedenfalls nicht, die unter der Überschrift „Gen-Gemüse in Bio-Babynahrung entdeckt!" den WISO-Bericht aufgriff.

Auf besorgte Kundenmails und Einträge in den sozialen Medien regierte Hipp zwei Tage lang mit wechselnden beschwichtigenden Standardantworten und Verweisen an seine Eltern-Hotline und saß damit schon fast in der Schweigefalle. Erst dann folgte eine erste Kundeninformation – verbunden mit dem Versprechen, die eigene Babykost zukünftig strenger auf CMS-Gemüse zu kontrollieren. Dazu gab es

L. Steinke, *Bedienungsanleitung für den Shitstorm*, essentials,
DOI 10.1007/978-3-658-05588-2_5, © Springer Fachmedien Wiesbaden 2014

Links zu Verbraucherinformationen über die CMS-Technik auf den Internetseiten des BÖLW (Bund Ökologische Lebensmittelwirtschaft) und bei Greenpeace. Fazit: In der Krise hatte das Unternehmen viel zu langsam reagiert und besorgte Eltern mit Standardfloskeln brüskiert. Wer von der Krise in seinen Kernkompetenzen (hier: einwandfreie Kindernahrung) erschüttert wird, muss schneller agieren.

Das Beispiel Hipp zeigt außerdem: Wer mit hohen Qualitätsansprüchen wirbt, wird auch daran gemessen. Die hohen Ansprüche sind im Angesicht der Öffentlichkeit nur eine Hälfte der Medaille. Die andere Hälfte ist die Glaubwürdigkeit, mit der diese Ansprüche umgesetzt und nach außen vertreten werden.

Die wichtigsten Maßnahmen für die Shitstorm-Prävention sind daher:

1. Aufbau einer glaubwürdigen und umfassenden Unternehmens-Identität: So steht fast jedes Unternehmen von einiger Bedeutung heute viel mehr im Fokus der Öffentlichkeit als dies noch vor wenigen Jahren der Fall war. Die vielen neuen Schnittstellen zur Umwelt sind Chancen für mehr Kommunikation, sie bedeuten aber auch mehr Kontrolle und Einblick von außen. Einige Beispiele: NGO überprüfen zunehmend Lieferketten auf Umweltverträglichkeit, Nachhaltigkeit oder den Verdacht von Kinderarbeit im Herstellungsland. Kritische Aktionäre geben sich in Aktienforen Tipps zu Anlagerisiken. Journalisten halten Kontakt zu Gewerkschaften, unzufriedenen Mitarbeitern oder Führungskräften, die sich einen persönlichen Nutzen davon versprechen, interne Informationen an die Medien zu geben. Die Erfahrung des Amazon-Shitstorms von 2013 zeigt: Wer seine Kunden durch guten Service und Alleinstellungsmerkmale an sich binden kann, kann einen Shitstorm leichter überleben. Doch eine so feste Marktposition haben viele Unternehmen nicht. Gerade im Online-Geschäft sind Anbieter leicht vergleichbar. Und oft kostet es den Kunden kaum mehr als ein paar Klicks, um zur Konkurrenz zu wechseln. Unethisches Verhalten und ein Shitstorm – das kann für viele bis dahin treue Kunden bereits der Anlass zum Wechsel sein.

2. Ständige Kommunikation mit den eigenen Unterstützern: Nur wer seine Mitarbeiter, Kunden, Lieferanten, Anteilseigener und die Ansprechpartner in Verbänden, in den Medien und in der eigenen Branche pflegt und regelmäßig mit aktuellen Informationen versorgt, darf in der Krise auf deren Unterstützung setzen. Noch immer wehren sich viele Unternehmen gegen die Einrichtung eines Corporate-Blogs. Laut einer Studie der University of Massachusetts nutzen derzeit gerade einmal 34 % der Fortune-500-Konzerne in den USA dieses mächtige und gerade in der Krise so hilfreiche Werkzeug der Unternehmenskommunikation.

3. Die regelmäßige und ehrliche Kommunikation mit Unterstützern ist gleich doppelt wichtig. Denn wer in der Krise in Bedrängnis gerät, braucht die Un-

terstützer vielleicht nicht nur als Fürsprecher in klassischen und Social Media. Sondern auch als engagierte und prominente Mitglieder für einen neu zu schaffenden Transparenz- oder Anti-Korruptions-Beirat. Besonders glaubwürdig sind solche Unterstützer, wenn sie sich bisher als harte Kritiker des eigenen Unternehmens oder eigenen Branche einen Namen gemacht haben.

4. Auf den Ernstfall vorbereitet sein: Im Shitstorm bleibt oft wenig Zeit um zu reagieren. Wer erst umständlich intern recherchieren und Texte abstimmen muss, verliert wertvolle Stunden und Tage. Zu sensiblen Themen, die aus Sicht der Unternehmenskommunikation Shitstorm-gefährdet sind, sollte es daher vorbereitete Texte geben, die im Ernstfall verwendet werden können. Dazu zählen Entschuldigungsformeln, Hintergrundtexte zu bekannten Personal- oder Branchenthemen, Erklärungen zu Produktionsprozessen oder möglichen Rückrufen. Als Vorbereitung ist es durchaus sinnvoll, erfahrene Journalisten oder Blogger um Identifikation der aus ihrer Sicht gefährlichsten Angriffspunkte des eigenen Unternehmens zu bitten. Viele Shitstorms werden durch Geschäftsprozesse oder Ereignisse ausgelöst, die im Unternehmen schon lange als kritisch bekannt waren.

5. Gutes Shitstorm-Management setzt eine vitale und vielfältige Unternehmenskultur voraus und den Mut, auch einmal neue Wege zu gehen. Wo das Management mit interner Kritik wenig souverän umgeht und sie nur ritualisiert mit der jährlichen Mitarbeiterbefragung einfordert, wo Stellenbewerber anhand ihrer möglichst stromlinienförmigen Anpassung an das bisherige Geschäftsmodell ausgesucht werden und Ja-Sager schneller aufsteigen als konstruktive Kritiker, findet ein Shitstorm leicht Angriffsflächen, weil ein solches Unternehmen dauerhaft Probleme mit sich herumträgt, diese intern aber nicht diskutiert werden. So kommen die sensiblen Themen erst über den Umweg des Shitstorms in den Fokus der Entscheider und wirken dabei nicht selten wie ein Tsunami der auf Sandburgen trifft.

5.2   Die zehn Grundregeln für den Shitstorm – ein Notfallkoffer

1. Schärfen Sie Ihr Vorwarnsystem, halten Sie es 24 h, 7 Tage die Woche aktiv – unterstützen Sie es mit Werkzeugen, die rund um die Uhr arbeiten. Viele Shitstorms beginnen nachts oder am Wochenende. Entsprechende Überwachungssoftware oder externe Dienstleister können dabei die Rund-um-die-Uhr-Kontrolle für Sie übernehmen. Der Shitstorm gegen die Firma Hipp wegen in

Kindernahrung gefundener CMS-Hybride nahm an einem Montagabend seinen Anfang. Der Shitstorm gegen den Schlagersänger Michael Wendler startete an einem Mittwochabend. Unter Google Alerts (**http://www.google.de/alerts**) können Sie gezielt Alarmmeldungen für einzelne Buzz-Wörter, Ihren Unternehmensnamen oder Produktbezeichnungen einrichten. Weitere Online-Tools sind Social Mention (**http://socialmention.com**) und Social Mention (**http://www.social-searcher.com**). Mit Back Tweets (**http://backtweets.com**) verfolgen Sie Tweets bei Twitter – allerdings mit einiger Verzögerung. ICE Rocket von Meltwater (**http://www.icerocket.com**) scannt Blogs, Facebook und Twitter und ist aktueller als Back Tweets – aber auch hier gibt es Lücken. Die meisten Online-Tools übersehen jeweils bestimmte Inhalte. Selbst wenn sie alle miteinander kombiniert werden, bleiben noch weiße Flecken. Ihr automatisierter Einsatz bietet somit keine Garantie, Shitstorms rechtzeitig zu bemerken. Wer auf Nummer sicher gehen will und das entsprechende Kleingeld hat, beauftragt eine Social-Media-Agentur oder holt sich eigene Fachkompetenz ins Unternehmen.

2. Reagieren Sie schnell. In den Social Media erwartet man Ihre erste Antwort auf Kritik innerhalb weniger Stunden. Auch komplexe innerbetriebliche Themen sollten Sie idealerweise innerhalb von zwei Werktagen abklären können. Wer Antworten auf die wichtigsten möglichen Shitstorm-Themen schon vorformuliert in der Schublade hat, ist hierbei im Vorteil. Ein Beispiel: Im Juni 2013 sorgte in den USA ein Foto in den sozialen Medien für Aufmerksamkeit und Ekel, das einen Mitarbeiter der Restaurant-Kette Taco Bell zeigte, der gerade mit seiner Zunge über einen Stapel Tacos fuhr. Zahlreiche Kunden stießen auf das Foto und bestürmten den Facebook-Auftritt des Systemgastronomen mit Fragen und wütenden Kommentaren. In weniger als 24 h hatte die Pressestelle von Taco Bell die Hintergründe des Falls recherchiert. Sie veröffentlichte eine Stellungnahme auf der Unternehmensseite und beantwortete die Facebook-Beiträge der Kunden einzeln und individuell: „The taco shells were used for training [...] and were in process of being thrown out. [...] The behavior is unacceptable for people working in a restaurant. Our franchisee is responsible for the employment [...] and he has informed us that he immediately suspended the employee shown in the photo". Damit hatte Taco Bell zügig reagiert, eine für seine Kunden akzeptable Erklärung geliefert und ihnen durch die Wahl einer individuellen Ansprache anstelle einer automatisierten E-Mail auch respektvoll geantwortet.

3. Kommunizieren Sie mit Ihren Kritikern. Die meisten Shitstorms werden von sehr meinungs- und kommunikationsstarken Menschen getrieben. Personen, die es verstehen ihren Finger in eine Wunde zu legen und so darüber zu schrei-

ben, dass andere Menschen in großer Zahl zustimmen. Vermeiden Sie also vorgefertigte Antworten, die nach Textbausteinen klingen. Bedenken Sie, dass Ihre größten Kritiker Ihr Unternehmen und Ihr Geschäftsmodell oft exzellent kennen. Versuchen Sie keine Ausflüchte, die für Insider als Notlügen leicht identifizierbar sind. Seien Sie offen, ehrlich und direkt. Und antworten Sie über das selbe Medium und in der gleichen Sprache, in der der Shitstorm seinen Ausgang nahm. Einen Facebook-Shitstorm müssen Sie bei Facebook auffangen und auf keinen Fall nur in Form einer Pressemitteilung auf Ihrer Firmen-Website. Auf einen Pinnwandeintrag an Ihrer Facebook-Wall antworten Sie direkt dem Verfasser des Eintrages. Das gilt natürlich auch für Twitter, Google + oder beispielsweise ein Fachthemen-Diskussionsboard im Web.

4. Eine Entschuldigung ist kein Zeichen von Schwäche, sondern von Stärke. Wenn das Anliegen Ihrer Kritiker berechtigt ist, oder Sie nachempfinden können, worüber diese sich empören, dann entschuldigen Sie sich für Ihr Fehlverhalten. Kunden und Öffentlichkeit erwarten heute eine Entschuldigung von einem Unternehmen, das sich falsch oder unethisch verhalten hat. Viele Unternehmen arbeiten im Marketing mit personalisierter Werbung und emotionalen Kampagnen. Sie verbinden ihr Produkt mit einem Lebensgefühl und geben sich menschlich, kumpelhaft und manchmal auch anbiedernd – nur logisch, dass Kunden im Umkehrschluss auch in der Krise menschliches Verhalten erwarten. Knüpfen Sie Ihre Entschuldigung dabei niemals an eine Rechtfertigung oder Bedingungen. Sie können zu einem späteren Zeitpunkt noch Erklärungen liefern, nachdem Sie sich erst einmal für offenkundige Fehler entschuldigt haben.

5. Holen Sie sich externe Hilfe, wenn Ihnen die Hintergründe des Shitstorms unverständlich sind, etwa weil sie einer Ihnen wenig bekannten Kultur, gesellschaftlichen Strömung oder Religion entspringen. Wer das Anliegen seiner Kritiker nicht versteht, verschärft den Shitstorm mit falschen oder ungewollt provokanten Antworten. Klug reagierte der dänische Spielzeughersteller LEGO: Mitglieder der Türkischen Kulturgemeinde in Österreich beschwerten sich 2013, dass der LEGO-Bausatz „Jabbas Palast" aus der Reihe LEGO Star Wars einer Moschee nachempfunden sei und damit das religiöse Empfinden von Muslimen verletze. Tatsächlich entsprach der Bausatz exakt dem Vorbild aus den Kinofilmen und wies damit Ähnlichkeit zur Hagia Sophia in Istanbul auf. Unklar ist, ob Krieg-der-Sterne-Regisseur George Lucas diese Ähnlichkeit beabsichtigt hatte. LEGO sprach daraufhin eine Entschuldigung aus („Wir bedauern, dass das Produkt bei den Mitgliedern der Türkischen Kulturgemeinde eine falsche Interpretation ausgelöst hat") und stellte nach einem Gespräch mit Vertretern der Kulturgemeinde die Herstellung des Bausatzes zum Jahresende 2013 ein.

6. Drohen Sie Ihren Kritikern nicht mit Klagen. Fordern Sie sie nicht per Anwalts-schreiben zu Unterlassungserklärungen auf. Das spricht sich schnell herum und schafft eine asymmetrische Kommunikation: Hier das böse Unternehmen in der Rolle des Goliath, dort der Kunde mit seinem berechtigten Anliegen als David, dem die Sympathien der Netzgemeinde sicher sind. In diese Falle tappte das Unternehmen Nestlé, als es versuchte, einen Kampagnen-Film der Umweltschutzorganisation Greenpeace anwaltlich aus dem Netz entfernen zu lassen. Der Schweizer Konzern befeuerte den Shitstorm dadurch noch und musste schließlich klein beigeben. Aber auch das Modelabel Jack Wolfskin ging zuerst hart gegen die Verletzung seiner Markenrechte durch einige Nebenerwerbs-Schneiderinnen vor, die über das Handarbeitsportal Dawanda selbst Genähtes mit kopiertem Tatzen-Logo vertrieben. Erst auf Druck der Medien und der Öffentlichkeit änderte Jack Wolfskin 2009 seine harte Gangart, erstattete in mindestens einem Fall eingeforderte Abmahn-Gebühren zurück und gelobte, zukünftig direkt und ohne Anwälte mit Rechteverletzern zu kommunizieren. Bereits ein Jahr zuvor hatte Theo Zwanziger, damaliger Präsident des Deutschen Fußball Bundes mit der juristischen Hausmacht seines Verbandes einen Privatkrieg gegen den Fußball-Blogger Jens Weinreich geführt, weil dieser ihn einen „unglaublichen Demagogen" genannt hatte. Viele Fußballfans ergriffen Partei für den Einzelkämpfer und gegen den übermächtigen Verband. Auch hier wurde durch einen Shitstorms viel Geschirr in der Kommunikation und Außenwirkung zerschlagen.

7. Zensieren Sie einen Shitstorm nicht. Lassen Sie auch solche Beiträge stehen, die Ihr Unternehmen beschimpfen. Wenn Sie wütende Beiträge entfernen, werden deren Verfasser nur umso mehr verärgert. Löschen Sie lediglich jene Beiträge, die andere Foristen angreifen oder gegen geltende Gesetze verstoßen, etwa weil sie rassistische oder nationalsozialistische Inhalte haben. Ist Ihr Unternehmen bekannt oder erreicht der Shitstorm eine bestimmte Größe, wird er bald auch in der Wikipedia oder Internet-Chroniken auftauchen. Widerstehen Sie auch hier dem Impuls, die entsprechenden Einträge zu löschen. Noch schlimmer: Immer wieder werden Firmen beim sogenannten Astroturfing erwischt, dem heimlichen Platzieren gekaufter Unterstützer-Postings, die von darauf spezialisierten Agenturen verfasst werden. 2007 ließ die Deutsche Bahn gezielt Beiträge zum damaligen Lokführer-Streik in die Foren von Brigitte.de und Spiegel Online schreiben – und wurde erwischt. Auch die FDP versuchte 2010 durch gekaufte Beiträge eine Diskussion auf der Nachrichtenseite ruhrbarone.de zu drehen. Und wurde ebenfalls entdeckt. Solche unseriösen und verdeckten Aktionen schaden Ihnen am Ende viel mehr als sie nutzen.

8. Wenn ein Shitstorm lange anhält, gibt es in Ihrem Unternehmen oder in Ihrer Organisation schwerwiegende Gründe, die ihn am Leben erhalten oder er wird über die Medien getrieben. Liegen die Gründe in Ihrer Unternehmenskultur, können Sie den Shitstorm nur mit einem klaren Bekenntnis zu einem Kulturwandel beenden. Außerdem wird die Öffentlichkeit Beweise für Ihre Einsicht verlangen. Zum Beispiel einen Verkaufsstopp für ein anstößiges Produktes. Oder die Änderung eines umweltschädlichen Geschäftsprozesses. Kommunizieren Sie diese Änderungen daher früh, ehrlich und ausführlich – besonders an die Medien und jene Akteure, die den Shitstorm vorangetrieben haben, beispielsweise bekannter Vertreter aus Ihrer Branche, der Wissenschaft, der Politik oder Alpha-Blogger.

9. Provozieren Sie keine Shitstorms gegen andere – weder verdeckt, noch öffentlich. Das ist unfair, unethisch und kann schnell gegen Sie selbst zurückschlagen, wie die Betreiber von Racheshop.de im Oktober 2013 feststellen mussten. Sie hatten ohne Genehmigung Bilder verschiedener Cartoonisten aus dem Internet kopiert und ohne Quellenangabe als Werbematerial verwendet. Dafür erhielten sie postwendend von einem Zeichner eine anwaltliche Abmahnung. Daraufhin forderte der Racheshop zum Shitstorm gegen diesen Zeichner auf. Aber die Facebook-Gemeinde wandte sich stattdessen gegen den Racheshop. Auch andere Urheber gestohlener Bilder wurden durch diesen Shitstorm auf den Racheshop aufmerksam, der durch Zensieren einzelner Kommentare den Sturm noch weiter anheizte.

10. Lernen Sie aus dem Shitstorm – erschließen Sie sich neue Kanäle für die Kommunikation mit Ihren Kunden und der Öffentlichkeit. So haben es beispielsweise Nestlé und die Deutsche Bahn gemacht, nachdem sie selbst Opfer von Shitstorms wurden. Nestlé verfügt heute im Schweizerischen Vevey über eine der größten Social-Media-Units weltweit. Das Unternehmen hat Partnerschaften mit großen Internet-Konzernen begründet, betreibt heute rund 800 Facebook-Länder- und Marken-Seiten und investiert mittlerweile 12 % seines Marketing-Budgets in Social Media. Nestlé-Marketingchef Patrice Bula erklärte nach dem Shitstorm: „Social Media hat bei uns eine völlig neue strategische Bedeutung erhalten. Wir haben Leute mit Social-Media-Erfahrung angestellt. Konzernchef Paul Bulcke, ich und andere gingen eine ganze Woche ins Silicon Valley und trafen alle wichtigen Akteure: Facebook, Google, Twitter, Instagram. Dann erarbeiteten wir eine Strategie."[1] Die alte Vogel-Strauß-Strategie wurde ad acta gelegt.

---

[1] http://www.tagesanzeiger.ch/wirtschaft/unternehmen-und-konjunktur/Nestles-Abwehr-gegen-Shitstorms/story/30642493, abgerufen am 28.11.2013.

Auch die Deutsche Bahn lernte aus ihren Shitstorms und konnte so den von einer verärgerten Kundin im Januar 2013 gestarteten Shitstorm „Liebesbrief an die Deutsche Bahn" durch geschickte Kommunikation im Tenor drehen und sogar Sympathie-Punkte sammeln. Die Kundin hatte der Deutschen Bahn in ihrem humorvoll geschriebenen Brief via Facebook („seit vielen Jahren führen wir nun eine abenteuerliche Beziehung") das Ende dieser „Beziehung" avisiert und ihren „Neuen" vorgestellt. „Er nennt sich Opel und ist immer für mich da."[2] Die Bahn antwortete mit einer Replik im selben Stil („Hallo meine liebste Franzi... Ich habe die Zeit mit Dir sehr genossen... Dass ich Dich mit dieser Zuneigung erdrückt habe, ist unentschuldbar..."). Beide Seiten setzen ihren unterhaltsamen Dialog zum Amüsement des Online-Publikums fort. Auch die Pressestelle von Renault Deutschland und der „neue Freund" Opel Deutschland beteiligten sich schließlich an dem Austausch, der sich damit als einer von wenigen Shitstorms erfolgreich in ein neutrales bis heiteres Lüftchen verwandeln ließ.

Ein anderes Beispiel für die souveräne Auflösung eines Shitstorms lieferte der Schauspieler Jan-Josef Liefers („Tatort"). Der hatte auf seiner Facebook-Seite leichtfertig ein Hautpflegemittel empfohlen („Dieses Gesichtswaschpulver hier ist übrigens absolut genial und hat ab sofort einen Stammplatz in meinem Koffer!") und damit bei einigen seiner rund 60.000 Fans den Verdacht erweckt, ein Honorar für diese Werbung zu erhalten. Nach einem Wochenende mit 160 teils noch freundlichen, teils auch sehr böswilligen Schleichwerbeunterstellungen antwortete der Schauspieler schließlich: „Lustig. Manche haben den Reflex, einem Anderen bei allem zuerst negative Motivationen oder berechnende Absichten zu unterstellen. Nein, ich kriege kein Geld von Dermalogica, ich finde es lediglich empfehlenswert, trotz des gepfefferten Preises. Ganz ohne dafür bezahlt zu werden, veröffentliche ich auch gerne diese kleine Erkenntnis: Immer zu allererst miese oder fragwürdige Absichten hinter jeder Freundlichkeit zu wittern, versaut auf Dauer vor allem eins: das eigene Karma. Man wird unmerklich selber so, wie man befürchtet, dass die Anderen sind. Amen. In diesem Sinne einen schönen, misstrauensfreien Sonntag!" Mit dieser schlagfertigen Antwort drehte Liefers nicht nur die Stimmung, er versetzte seine Kritiker auch argumentativ in die Defensive und gewann dafür in wenigen Wochen rund zehntausend neue Fans auf seiner Seite.

Nach jedem Shitstorm stellt sich die Frage nach dem Schaden für das Unternehmen: Im November 2012 erlebte die Frauenzeitschrift Brigitte einen Shitstorm. Auslöser war ein Beitrag ihrer Autorin Bianka Echtermeyer, die sich in ihrer Kolumne wenig schmeichelhaft über männliche Skateboardfahrer jenseits der 25 äußerte:

---

[2] http://danielschoeberl.com/2013/01/24/deutsche-bahn-liebesbrief-beschwerdemanagement, abgerufen am 28.10.2013.

„Das sind oft Typen, die eine schräge Pony-Frisur tragen, nie lächeln und nach der Party von letzter Nacht riechen. Am liebsten würde ich die am ergrauten Schopf packen und anschreien: ‚Hör auf damit! Dafür bist du zu alt.‘“ Damit nicht genug, legte Echtermeyer nach: „Skateboards gehören zu kleinen Jungs. Basta. Nicht zu Menschen, die selbst Steuern zahlen und beim Orthopäden in Behandlung sind. Falls sich Männer über 30 austoben wollen, können sie gern schnelle Autos fahren, Fußball spielen oder auf Bäume klettern. Das stört mich nicht. Aber lasst bitte die Skateboards in Ruhe. Ich laufe ja auch nicht im rosa Tutu über die Straße.“ Die kontrollierte Provokation hatte aus Sicht der Brigitte-Redaktion kein großes Konfliktpotenzial. Das Risiko, eigene Leser zu verärgern, schien bei Echtermeyers Attacke überschaubar. Männer unter den Lesern – und ganz besonders solche, die über 25 sind und ein Skateboard nutzen – gelten der Redaktion als quantité négligeable und werden in den Mediendaten des Magazins nicht einmal gesondert ausgewiesen. Allerdings hatte die Zeitschrift ihre Rechnung ohne das Internet gemacht: Schnell verbreitete sich der online verfügbare Text über Facebook und löste einen Shitstorm auf der Facebook-Seite der Brigitte aus. Die Redaktion fachte den Sturm noch unfreiwillig an, indem sie den Echtermeyer-Kommentar zeitweise aus dem Internet nahm und zahlreiche Kommentare hierzu löschte. Schließlich folgte aber auch hier die Entschuldigung bei den Lesern und Skatern: „Liebe Userinnen, liebe User, wir haben Ihr Feedback und die Diskussion sehr genau verfolgt und verstehen dadurch viele der von Ihnen geäußerten Kritikpunkte. Wir möchten uns an dieser Stelle offiziell bei Ihnen entschuldigen. Es war nicht unsere Absicht, Gefühle zu verletzen, jemanden zu beleidigen oder zu diskriminieren.“[3]

Doch auch wenn Streit mit den Skatern für die Brigitte ärgerlich war, auf die Auflage des Magazins scheint er sich nicht ausgewirkt zu haben. Die folgte nach IVW-Zählung[4] auch im Shitstorm-Quartal dem branchenüblichen Abwärtstrend und lag zum Jahresende 2012 rund zehn Prozent unter Vorjahr. Zum Jahresanfang 2013 konnte die Zeitschrift ihren Leserverlust sogar ein wenig abbremsen. Grund für den ausgebliebenen Schaden: Die Kernzielgruppe wurde – anders etwa als etwa beim DFB oder im Fall Jako gegen „Trainer Baade“ – nicht verärgert. Die Empörung ebbte schnell ab, weil der Regelverstoß geringfügig und seine Zielgruppe klein war. Es gab auch kein langwieriges Gerichtsverfahren, das den Shitstorm länger am Leben gehalten hätte.

Schon heftiger war der Shitstorm gegen das Online-Kaufhaus Amazon: Der hessische Rundfunk sendete am 13. Februar 2013 unter dem Titel „Ausgeliefert!

---

[3] http://www.brigitte.de/frauen/gesellschaft/stellungnahme-skateboard-1149149, abgerufen am 18.11.2013.

[4] http://www.pz-online.de/print/analyse, abgerufen am 18.11.2013.

Leiharbeiter bei Amazon" eine Reportage über die Arbeitsbedingungen ausländischer Leiharbeitern beim weltgrößten Online-Kaufhaus. Der Bericht über niedrige Löhne, die angeblich schlechte Unterbringung in umfunktionierten Feriendörfern und deren Bewachung durch einen Sicherheitsdienst mit dem vielsagenden Namen H.E.S.S. sorgten für eine Welle der Empörung. Noch in der selben Nacht brach ein Shitstorm über den Facebook-Auftritt von Amazon herein. In den folgenden Tagen sprangen viele Medien auf die Geschichte an. Die Empörung wuchs schließlich zum größten Shitstorm des Jahres heran. Amazon schwieg in den Social Media und gegenüber der Presse beharrlich und veröffentlichte lediglich eine schmallippige Pressemitteilung, die von der Online-Gemeinde eher ungnädig aufgenommen wurde. Auch die Zensur der Amazon-Facebook-Wall stieß deren Besuchern sauer auf.

Auf die Vorwürfe reagierte das Unternehmen gleichwohl: Der Sicherheitsdienst erhielt keine neuen Aufträge mehr, der Beherbergungsvertrag mit dem Feriendorf wurde gekündigt. Im folgenden Weihnachtsgeschäft ersetzte Amazon ausländische Leiharbeiter vermehrt durch Arbeitskräfte aus der Region.

Nach rund zwei Wochen war auch dieser Shitstorm weitgehend überstanden. Die Media-Analysten von Socialbench ermittelten für den fraglichen Zeitraum einen Rückgang der Facebook-Anhängerschaft von Amazon um netto gerade einmal 6.368 Fans (0,2 %) – bei verbliebenen 2.808.632 Fans. Das Fazit von Socialbench: „Amazon.de hat es überstanden, die Fans bleiben der Marke – zumindest nach den Facebook-Kennwerten zu urteilen – treu."[5] Zwar drohten viele Amazon-Kunden in ihren Beiträgen mit Kaufboykott, doch die meisten von ihnen beließen es wohl beim Vorsatz.

Ähnlich sieht es auch der Journalist und Blogger Ralph Pfister : „Im Grunde ist es doch so: Kurze, aber heftige Aufregung, die dann verpufft. Händeringen und Entrüstung über untragbare Zustände für wenige Tage. Und dann kehren wir zum Alltag zurück, mit dem warmen Gefühl, unserer Bürger- oder auch Nutzerpflicht durch Entrüstung nachgekommen zu sein."[6]

Eine zwiespältige Bilanz im Fall Amazon zieht hingegen Christoph Bornschein von der Social-Media-Agentur Torben, Lucie und die gelbe Gefahr: „Auf lange Sicht hätte es Amazon nicht wirtschaftlich geschadet, das auszusitzen. Aber nicht sichtbare Substanzwerte wie das Markenimage leiden."[7] Am Ende gab es nur einen

---

[5] http://www.socialbench.de/blog/allgemein/amazon-de-nach-dem-shitstorm-tausende-beitrage-taktik-des-schweigens-fans-bleiben-treu, abgerufen am 18.11.2013.

[6] http://von-nullen-und-einsen.blogspot.de/2013/02/amazon-kein-schaden-durch-ard-leiharbeiter-shitstorm-datengestutzter-zynismus.html, abgerufen am 18.11.2013.

[7] http://www.wuv.de/digital/shitstorm_hysterie_und_wo_ist_der_schaden,   abgerufen am 18.11.2013.

klaren Verlierer: Das Feriendorf musste acht Monate später Insolvenz anmelden. Nach dem Fernsehbericht waren die Besucher ausgeblieben.

5.3 Flüstern, wenn die anderen schreien

Wenn der Shitstorm tost, ist Zeit für leise Worte: Erste klare Statements in Richtung der führenden Kritiker, eine klare Entschuldigung für Fehlverhalten und Nachdenken über einen inneren Wandel sind angesagt. Gute Kommunikatoren nehmen den Shitstorm zum Anlass für Hintergrundgespräche mit ihren Kritikern. Das können NGO sein, die den Sturm selbst ausgelöst haben, aber auch Medien, die ihn aufgegriffen haben und durch weitere Berichterstattung befeuern. So wie im Fall des ZDF-Moderators Markus Lanz. Die gegen ihn als Idee einer Einzelnen gestartete Online-Petition wurde von zahlreichen Papier- und elektronischen Medien immer wieder weitergetrieben und gewann so permanent Zulauf. Nur wer in einer solchen Situation den Dialog sucht und dabei auch kritische Fragen beantwortet, hat eine Chance sein Problem in den Griff zu bekommen.

Doch nicht in jedem Fall ist der Dialog mit den Kritikern sinnvoll – es gibt Ausnahmen. Nicht jede NGO ist gesprächsbereit. Manche leben davon, dass sie Krawall machen und Shitstorms auslösen. Organisationen wie Greenpeace, Human Rights Watch oder Oxfam sind für ihre Dialogbereitschaft bekannt. Stellt ein Unternehmen sein dem Sturm zugrundeliegendes unethisches Verhalten ein oder nennt zumindest einen plausiblen Zeitplan und geht auf Verhandlungsangebote ein, reduzieren sie ihren Druck. NGO wie Foodwatch stehen hingegen im Ruf, auch dann noch weiterzumachen, wenn die Gegenseite verhandeln will.[8]

Hier ist das richtige Gespür für den Umgang mit den eigenen Kritikern maßgeblich. Gut beraten ist, wer unter Druck ehrliche Verhandlungen führt und die Forderungen seiner Gegner selbstkritisch prüft. Der Shitstorm ist immer auch eine Chance für einen Neuanfang. Kluge Unternehmen nehmen ihn zum Anlass, um interne Prozesse zu prüfen, Verantwortlichkeiten neu zu regeln und überkommene Vorstellungen über Bord zu werfen. Für manche ist ein Shitstorm auch der überfällige Anstoß, endlich in den Social Media aktiv zu werden – dort wo viele Kunden bereits anzutreffen sind.

Fakt ist: Es gibt keinen direkteren, besser struktur- und organisierbaren Weg, mit seinen Kunden und Stakeholdern zu kommunizieren, als über Web und Social

---

[8] http://www.welt.de/wirtschaft/article116328260/Nahrungs-Lobby-wehrt-sich-gegen-Foodwatch.html, abgerufen am 27.2.2014.

Media. Treffen Kunden Unternehmen dort im Fall einer Beschwerde nicht an, ist ihr nächster Schritt oft ein Rant, der zum Shitstorm werden könnte oder eine E-Mail an den Verbraucherschutz-Redakteur des lokalen Mediums.

Und selbst wenn dieser nach der ersten Beschwerde noch nicht in die Tasten greift, wird er es nach ähnlichen Mails fünf oder zehn weiterer verärgerter Kunden sicher tun. Seine Wahrnehmung einer Unternehmenskrise richtet sich dabei nicht nach der tatsächlichen Zahl der unzufriedenen Kunden, sondern nach der Zahl der Kunden, die mangels unternehmenseigener Beschwerdewege stellvertretend an die Medien herantreten. Dumm ist, wer seine eigene Krise in der Zeitung somit selbst generiert.

Ein Positiv-Beispiel ist hier Deutsche-Bahn-Chef Rüdiger Grube. Von ihm ist bekannt, dass er auch schon mal Kunden persönlich anruft[9], die über Social Media oder andere Kanäle intervenieren und Servicefehler zur Sprache bringen. Naturgemäß kann Grube nur einen sehr, sehr kleinen Teil dieser Kunden kontaktieren. Aber sein Verhalten steht für eine Unternehmenskultur, die sich die Öffentlichkeit unter seinem Vorgänger nicht vorstellen konnte.

---

[9] http://raul.de/leben-mit-behinderung/wenn-einer-eine-reise-tut-dann-kann-er-was-erleben-die-deutsche-bahn-und-ihr-mobilitaetsservice, abgerufen am 9.12.2013.

Der Shitstorm als Marketing-Instrument 6

6.1 Modellfall Abercrombie & Fitch – die wollen doch nur spielen?

Mit der zahlenmäßigen Zunahme der Shitstorms und ihrer wachsenden Berechenbarkeit und Regelmäßigkeit setzt bei manchen Unternehmen ein bemerkenswerter Wandel ein: Während unfreiwillige Shitstorm-Pioniere wie Nestlé in der Kit-Kat-Krise zuerst noch auf die wenig tauglichen Mittel klassischer Offline-PR vertrauten (verschweigen, verklagen, verleumden), bedienen sich die ersten Akteure jetzt bereits typischer Social-Media-Stilmittel wie Witz, Originalität und Selbstironie.

Andere Unternehmen setzen gar gezielt Shitstorms gegen die Konkurrenz ein (Racheseite.de) oder provozieren Shitstorms gegen die eigene Geschäftspolitik bewusst herauf. Diesen Eindruck vermittelt jedenfalls das Modeunternehmen Abercrombie & Fitch (A&F), das in den vergangenen Jahren immer wieder gezielt gegen einfachste Regeln von Ethik und Anstand im Umgang mit Kunden, aber auch mit den eigenen Mitarbeitern verstieß. So versuchte A&F, übergewichtige oder aus anderen Gründen nicht dem eigenen Schönheitsideal entsprechende Kunden zu vergraulen und zwang in London eine unterarmamputierte Mitarbeiterin, während ihrer Arbeitszeit eine langärmelige Strickjacke zu tragen. Immer wieder beschwor A&F so Shitstorms herauf.

Der Unternehmensberater und Blogger Philipp Gensel (philippgensel.de) kommt daher zu dem Schluss, dass Abercrombie & Fitch diese Shitstorms und die öffentliche Empörung gezielt als Marketingmaßnahmen nutzt und sogar noch befeuert: „Die Administration von A&F versteht es [...] perfekt die Provokation zu inszenieren und zum eigenen Vorteil einzusetzen. Man darf sich nicht vom Markenleitbild blenden lassen, das mitunter Naivität und Leichtigkeit verkörpert. Es ist das Bild, das man uns zeigen möchte und nichts anderes. Auch in Zukunft werden wir Provokation von A&F erleben. Mit Sicherheit wird es weitere kontrol-

L. Steinke, *Bedienungsanleitung für den Shitstorm*, essentials, 31
DOI 10.1007/978-3-658-05588-2_6, © Springer Fachmedien Wiesbaden 2014

lierte Shitstorms geben. Nicht nur bei A&F." Gensel mahnt aber auch: „Shitstorms geschehen nur dann zum eigenen Vorteil, wenn eine eindeutige, für die Zielgruppe verständliche Botschaft kommuniziert wird. Die Marke muss öffentlich zu dieser Botschaft stehen. Andernfalls verliert die Botschaft an Glaubwürdigkeit."

Es bleibt abzuwarten, ob diese Unternehmensstrategie von A&F dauerhaft funktioniert oder der Konzern im Feuer der selbstgewählten Provokation langfristig verbrennt und damit auch bei der Kernzielgruppe an Ansehen einbüßt. Im Zuge der Absatzkrise in den USA mehrten sich die Zeichen für einen Niedergang: So brach das Unternehmen mit ehernen Prinzipien und kündigte eine Sortimentserweiterung seiner Damen-Kollektion über die Konfektionsgröße 38 hinaus an. Und im Februar 2014 verhandelte das Unternehmen erstmals ernsthaft mit Amazon über einen Vertrieb seiner Produkte über das Online-Warenhaus.[1]

6.2 Die Profis: Bodyform, Heineken und der ganze Rest

Zu den Pionieren der Shitstorm-Kommunikation gehört der britische Hygiene-Hersteller Bodyform, der öffentliche Kritik an seiner Werbung für Damenbinden mit einem smarten Antwortfilm parierte, dessen Protagonistin demonstrativ blaues Wasser trank und dazu erklärte, dass es die in der Werbung dargestellte „glückliche Periode" ehrlicherweise nicht gebe.

Bodyform reagierte damit auf den humorigen Facebook-Beitrag eines unbekannten Mannes, der geklagt hatte, dass Bindenwerbung ein falsches Bild der weiblichen Periode mit „Radfahren, Tanzen und Fallschirmspringen" sowie „blauem Wasser über Flügeln" produziere. Das humorige und liebevoll gedrehte Antwortvideo brachte Bodyform viel Respekt und Preise ein und konnte den Shitstorm so erfolgreich in einen Candystorm verwandeln. Über fünf Millionen Mal wurde der Film auf Youtube aufgerufen.

Während Bodyform damit auf einen echten Shitstorm schnell und überlegen antwortete, ging die niederländische Heineken-Brauerei mit dem Phänomen noch souveräner um. Der Heineken-Spot „The Odyssey Film" ist Teil der Werbekampagne „Everyone is legendary at something". Der Film zeigt einen von wechselnden Amateur-Schauspielern dargestellten Schiffbrüchigen, der auf einem Kreuzfahrtschiff unterhaltsame Kunststückchen vorführt. Am Ende verbeugen sich

---

[1] http://www.welt.de/wall-street-journal/article125131069/Selbst-die-Staerksten-kapitulieren-vor-Amazon.html, abgerufen am 27.2.2014.

alle Akteure, die den Schiffbrüchigen gespielt haben, gemeinsam vor den Schiffspassagieren. Die Botschaft: Jeder Durchschnittsmensch kann etwas Besonderes. Gewissermaßen eine Referenz vor den eigenen, zumeist männlichen, Kunden.

Neu am Heineken-Angang ist allerdings das Spiel mit einem anschließenden Shitstorm. Dessen Kritik am Spot lautete, dass die darin gezeigten Darsteller keineswegs Durchschnittsmenschen seien. Heineken reagierte auf die Kritik nicht ernsthaft, sondern eher humorig und mit offenbar bereits vorbereitetem Material. Die Brauerei veröffentlichte Casting-Videos der im Sport gezeigten Akteure, die in humorvoll-überspitzter Manier ihre besonderen Fähigkeiten vorführen. Als Klammer diente ein Erklär-Video im Stil des Bodyform-Spots, das mit allerlei liebevollen Details unterhielt und vermutlich schon vor dem – möglicherweise selbst initiierten – Shitstorm produziert wurde.[2]

Damit gelang es Heineken, die eigene Kampagne durch den kontrollierten (und mit wenig Aggressionspotenzial behafteten) Shitstorm gewissermaßen für eine zweite Runde seiner Kampagne zu instrumentalisieren. Der Effekt war mediale und virale, mehrheitlich positive Aufmerksamkeit.

Auch beim Shitstorm zeigt sich also die enorme Dynamik des Internet. Brauchte etwa der Musikstil Punk als einst ehrliche Protest- und Jugendkultur noch zwanzig Jahre, um im Mainstream anzukommen und zur Populärkultur zu degenerieren, schaffte es der Shitstorm in einem Zehntel der Zeit. Es bleibt spannend, ob weitere Unternehmen auf diese Vorlage reagieren und das einstige Protestmittel Shitstorm so zum erfolgreichen Marketing-Instrument wandeln.

Doch Nachahmer sollten vorsichtig sein. Das Shitstorm-Marketing trägt zwei große Gefahren in sich: Zum Einen kann die selbstinszenierte Ironie schnell in einen echten Shitstorm umschlagen, wenn sie von zu vielen Internet-Nutzern missinterpretiert wird. Marketing-Maßnahmen mit Kundenbeteiligung gehen zudem regelmäßig fehl, wenn der Unternehmensruf in der Öffentlichkeit beschädigt ist. So wiederfuhr es der Deutschen Bahn, als diese 2010 über eine eigene Facebook-Seite ihr Produkt „Chefticket" zu lancieren versuchte. Zahlreiche unzufriedene Kunden nutzen die Seite für teils sehr direkte Kritik am Unternehmen. Ähnliches widerfuhr der US-Bank J. P. Morgan. Als das Geldinstitut im November 2013 Studenten zur Fragestunde per Twitter einlud, tauchten im Chat Fragen auf wie: „How come you guys aren't in jail?" (Wieso seid Ihr Jungs nicht im Gefängnis) und „How much blood do your executives consume on a monthly basis?" (Wieviel Blut trinken Ihre Führungskräfte monatlich?). Zahlreiche Medien berichteten über dieses

---

[2] http://www.horizont.net/aktuell/marketing/pages/protected/Klar-ist-das-echt-So-elegant-schiesst-Heineken-einen-Pseudo-Shitstorm-ab_119147.html, abgerufen am 27.2.2014.

PR-Fiasko.[3] Wer auf der steilen Welle des Shitstorms reitet und diese auch noch für sein Marketing nutzen will, sollte also sicher sein, dass er heil aus der Situation wieder herauskommt.

Zum Zweiten haftet dem Marketing-Instrument Shitstorm ähnlich wie der Guerilla-PR oder dem viralen Marketing immer auch der Hauch des Unseriösen und Aufdringlichen an, womit es sich gerade für Unternehmen und Branchen mit eher konservativem Image und dazu passender Kundschaft kaum eignet. Außer, es wird bewusst auf den Tabubruch gesetzt, um einen Image-Wandel einzuleiten.

Und auch lustige Antworten auf einen Shitstorm wie die von Heineken oder Bodyform funktionieren nicht in jedem Fall. Als sich zehntausende Schallplatten-Sammler über das Produktionsende des für Vinyl-Sammler maßgerechten Ikea-Regals Expedit beklagten, probte das schwedische Möbelhaus eine lustige Antwort hierauf, in welcher es auf den Expedit-Nachfolger Kallax hinwies. Zu nachtschlafender Zeit veröffentlichte Ikea dazu auf seiner Facebook-Seite ein vollständig schwarzes Bild und schrieb darunter den Satz: „Total doof, wir haben gerade mal KALLAX draußen aufgebaut. Sieht genauso aus wie EXPEDIT." Das fanden nicht alle Ikea-Kritiker lustig.[4]

Fazit: Der Shitstorm ist eines der interessantesten und mächtigsten Phänomene der Social Media. Nicht jeder Empörungssturm ist gerecht oder trifft ein Opfer, das ihn durch sein Verhalten auch provoziert hat. Oft sind die darin enthaltenen Vorwürfe vereinfachend, nicht umsetzbar oder auch einfach falsch. Shitstorms spiegeln aber auch das Bild wider, das andere vom eigenen Unternehmen haben. Und sie zeigen oft auch Wege aus einer Krise auf. Manchmal geben sie durch den enormen Druck von außen den Anstoß zu überfälligen Veränderungen im Inneren. Im besten Fall sind diese sehr positiv, machen die eigene Organisation zukunftsfähig oder helfen sogar dabei, neue Geschäftsfelder zu erschließen.

---

[3] http://www.zeit.de/wirtschaft/unternehmen/2013-11/jpmorgan-twitter, abgerufen am 10. 12.2013.

[4] https://www.facebook.com/media/set/?set=a.300863286695051.71942.280631742051539& type=1, abgerufen am 27.2.2014.

Zum Weiterlesen

Gaßner V (2013) Wie Nichtregierungsorganisationen das Web zum Erreichen
politischer Ziele nutzen. In: Schulz T (Hrsg) Krisenkommunikation. SCM,
Berlin

Hering R, Schuppener B, Schuppener N (2009) Kommunikation in der Krise. Bern

Kleineberg C (2013) Shitstorm-Attacken: Krisenmanagement für Unternehmen in
Social-Media. AV Akademikerverlag, Saarbrücken

Sartory B, Senn P, Zimmermann B, Mazumder S (2013) Praxishandbuch Krisenmanagement. Midas Management, Zürich

Steinke L (2014) Kommunizieren in der Krise – Nachhaltige PR-Werkzeuge für
schwierige Zeiten. Springer, Wiesbaden

Wilmes F (2013) Krisen PR – Alles eine Frage der Taktik, 3. Aufl. BusinessVillage,
Göttingen

L. Steinke, *Bedienungsanleitung für den Shitstorm*, essentials,
DOI 10.1007/978-3-658-05588-2, © Springer Fachmedien Wiesbaden 2014

Was Sie aus diesem Essential mitnehmen können

- Der Shitstorm ist der Mob des Internet-Zeitalters. Wer ihn verärgert, bekommt seinen Zorn zu spüren.
- Unternehmen, die glaubhaft aus Fehlern lernen und auf Augenhöhe kommunizieren, können Shitstorms besser überstehen.
- Wer sich im Shitstorm totstellt oder seine Kritiker verärgert, verliert dauerhaft Reputation und geht schlimmsten Fall unter.
- Ehrliche, glaubwürdige und offene Kommunikation ist kein perfekter Schutz gegen einen Shitstorm, aber sie mindert Ausbruchwahrscheinlichkeit und Schadenshöhe.
- Der Shitstorm als Marketing-Instrument eignet sich nur für wenige Unternehmen. Und die sollten Chancen und Gefahren vorher gut ausloten.

L. Steinke, *Bedienungsanleitung für den Shitstorm*, essentials,
DOI 10.1007/978-3-658-05588-2, © Springer Fachmedien Wiesbaden 2014